ANTES QUE ACABE

BELA VISTA (BIXIGA)
VILA MARIANA
PINHEIROS

João Galera

MANDACARU

PROJETO ANTES QUE ACABE

ARTISTA
João Galera

CALIGRAFIA
Bebel Abreu

EDIÇÃO DO LIVRO
Mandacaru

DESIGN GRÁFICO
Manaira Abreu e Brena Ferrari

DISTRIBUIÇÃO
Bebel Books

FOTOGRAFIAS DA EXPOSIÇÃO
Gui Gomes | Museu da Casa Brasileira

João Galera é um artista paranaense, formado em agronomia, estudou antropologia na Espanha e desenvolveu uma pesquisa em uma comunidade indígena no México. Desenha desde criança e durante o percurso fez cursos de desenho e pintura, mas foi no México que seu trabalho artístico se intensificou. Veio morar em São Paulo para se dedicar à arte. É um artista multimídia, que trabalha com pintura, bordado, crochê e costura, mas é o ato de desenhar que lhe faz esquecer o tempo. Realizou várias exposições coletivas e individuais no Brasil, EUA e México. Atualmente, está se aprofundando no tema da memória e desejo para as suas criações. Seu projeto *Antes que acabe* foi exposto no Museu da Casa Brasileira em 2016. Foi selecionado para o 9º Salão dos Artistas sem Galeria, em 2018, com a série *Escaras*. Fez uma residência artística de um ano em Silver City, EUA, entre 2019-2020.

Dados Internacionais de Catalogação na Publicação (CIP)

G154a   Galera, João
           Antes que acabe / João Galera. – 2. ed. – São Paulo: Mandacaru, 2020.
           84 p., ; 20 x 20 cm.

           ISBN 978-65-00-12083-7

           1. Arquitetura. 2. Arte - Brasil. 3. Artes visuais. 4. Desenhos – São Paulo (SP). 5. Desenhos – Técnicas. 6. São Paulo (SP) – História. I. Título.

           CDU 72.011(815.6)

Bibliotecária responsável: Bruna Heller – CRB 10/2348

Índice para catálogo sistemático:
1. Desenho / Disposição, distribuição do espaço arquitetônico 72.011
2. São Paulo (SP) (815.6)

À minha família:
aos que foram,
aos que ficaram
e aos que virão.

6   Silêncio

8   **BELA VISTA (BIXIGA)**
    panorama da Marques de Leão
    rua Humaitá
    rua Adoniran Barbosa
    rua dos Ingleses
    rua dos Ingleses II
    alameda Joaquim Eugênio II
    alameda Joaquim Eugênio
    rua Marques de Leão II
    rua dos Franceses
    panorama da Marques de Leão II
    rua Marques de Leão
    rua Marques de Leão III
    rua Dr. Seng
    esquina da Dr. Seng
    panorama da Dr. Seng
    avenida Brigadeiro Luís Antônio
    rua Dr. Alfredo Ellis
    rua Dr. Alfredo Ellis II
    rua Alberto de Oliveira
    esquina da Ribeirão Preto
    rua Alberto de Oliveira II

34 **VILA MARIANA**
    rua Castanheiro
    rua Nakaya
    dessemelhanças da Artur Godói
    rua Artur Godói
    dessemelhanças da Bartolomeu de Gusmão
    vila da Morgado de Mateus

42 **PINHEIROS**
    panorama da Irmão Lucas
    rua João Moura
    dessemelhanças da João Moura
    rua João Moura II
    rua Arthur de Azevedo II
    dessemelhanças da Cardeal Arcoverde II
    rua Antônio Bicudo
    vila da Mateus Grou
    dessemelhanças da Ferreira de Araújo
    rua Cônego Eugênio Leite
    esquina da Mateus Grou
    esquina da Fradique
    rua Arthur de Azevedo
    dessemelhanças da Cardeal Arcoverde
    panorama da Pascoal Bianco
    dessemelhanças da Artur de Azevedo
    vila da Dr. Virgílio
    dessemelhanças da Francisco Iasi
    esquina da Joaquim Antunes
    dessemelhanças da Dr. Virgílio
    dessemelhanças da Fernão Dias
    panorama da Tucumbira
    dessemelhanças da Padre Carvalho II
    dessemelhanças da Padre Carvalho
    dessemelhanças da Guaicuí
    dessemelhanças da Marcos Azevedo
    rua Bianchi Bertoldi
    rua Fradique Coutinho
    panorama da Amaro Cavalheiro
    essa não deu tempo...

81 A Pedra e o Vento

83 O Projeto

Silêncio

Quatro anos após a primeira edição deste livro, vejo que São Paulo continua em intensa demolição. A sinfonia de alguns bairros se compõe pelo bate-estaca e máquinas de destruição. Nesse contexto é que algumas das casas presentes nesta publicação caíram e deixaram de existir. Vários sobradinhos da rua João Moura, em Pinheiros, foram demolidos e os arquitetos resolveram deixar só as fachadas inertes e sem vida, em um projeto moderno e arrojado, que pouco falam com o entorno.

As fachadas das casas representam a fronteira, o meio do caminho entre o particular e o público; é o que nos liga à rua, à cidade. Estamos nos distanciando um dos outros, do dia-a-dia da urbe, com parquinhos privados, com os apartamentos com três vagas de garagem que tentam alcançar o inalcançável. Instalamos janelas antirruído, varandas envidraçadas, grades e portarias. Verticalizamos. Bairros inteiros estão sendo transformados, e as pessoas que comumente viviam ali são expulsas para outros arredores, pois não têm mais condições de viver nesses lugares que vão se tornando cada vez mais caros.

A especulação imobiliária intensa faz com que a cada esquina nos deparemos com gente distribuindo panfletos do novo empreendimento imobiliário que vai "revolucionar" a sua vida: varanda *gourmet*, espaço *pet*, brinquedoteca; cada grupo no seu espaço, sem convivência. A cidade se torna privada. Interessante é perceber que esse mesmo fenômeno está acontecendo em outras cidades e capitais do Brasil. Um apagamento da memória.

O projeto *Antes que acabe* me permitiu conversar com muita gente de diferentes idades e visões sobre a cidade, mas foram as crianças e jovens que chegaram com os questionamentos mais intrigantes e me fizeram refletir sobre uma questão fundamental: qual cidade nós queremos? Acho que é uma pergunta que devemos nos fazer para refletirmos sobre a constante construção e demolição das cidades. Cheguei, então, ao tema do desejo, que incluí na minha pesquisa artística: "memória e desejo" – passado e futuro. O que fizemos até aqui? O que queremos construir (ou manter) a partir de nossa memória? São questões sobre as quais, como cidadãos, deveríamos refletir.

Memória e desejo se tornam essenciais em tempos de demolição. A memória material pode ser derrubada, mas há outras maneiras de a mantermos viva: uma lembrança, uma foto, um texto ou um desenho. A arte vem trazer o registro da memória e as possibilidades dos nossos desejos. Conheci, nesse trajeto, artistas e pessoas que estão discutindo a cidade, seus apagamentos e resistências.

Durante a gravação de um documentário sobre uma das casas presentes no livro, na rua dos Ingleses, no Bixiga, onde morou um grupo de artistas de teatro durante a década de 70, um dos antigos moradores, quando questionado sobre se a memória se perderia caso a casa fosse demolida, ele respondeu que essas lembranças ultrapassam portas e janelas, elas continuam existindo fora dali. Já uma criança, durante uma palestra que dei em uma escola, me interrogou: moro em um desses prédios novos, minhas memórias não estão sendo construídas ali também? São tantos desdobramentos que aconteceram após o registro dessas casas em nanquim, que hoje geram mais dúvidas que respostas.

Muitas vezes é preciso escutar os ecos do passado para entender que as fachadas não sobrevivem por si, mas pela vida que ali dentro existia. Não deixo de pensar em um acontecimento simbólico que me voltou à memória há poucos dias. Quando estava trabalhando nos primeiros desenhos do *Antes que acabe*, eu morava na casa da minha prima e era constantemente acordado bem cedo pelo assobio do vizinho. Confesso que, muitas vezes, isso me incomodava. Depois de alguns anos, voltei a viver no mesmo lugar de antes e, diante da ausência do assobio do vizinho, fui perguntar o que tinha acontecido e fiquei sabendo de sua morte. Esse som me trazia à memória uma familiaridade. Hoje, o silêncio me incomoda. Acontece o mesmo quando passo por algumas casas que eram referências para mim em ruas que usualmente caminhava e que simplesmente deixaram de existir. Ouço o silêncio dos ruídos dos bate-estacas e acompanho o distanciamento das janelas. Isso também me incomoda.

Sinto que, quatro anos depois, o *Antes que acabe* está mais vivo e urgente que nunca, pois ainda há tempo de refletirmos e discutirmos sobre a cidade que queremos.

Qual o seu desejo de cidade?

JOÃO GALERA

São Paulo, primavera de 2020

10 Antes que acabe

Bela Vista 11

panorama da
Marques de Leão

rua Humaitá

rua Adoniran Barbosa

14 Antes que acabe

rua dos Ingleses

Bela Vista 15

rua dos Ingleses II

alameda Joaquim Eugênio II

alameda Joaquim Eugênio

rua Marques de Leão II

rua dos Franceses

panorama da
Marques de Leão II

rua Marques de Leão

rua Marques de Leão III

24 Antes que acabe

rua Dr. Seng

esquina da Dr. Seng

panorama da
Dr. Seng

avenida Brigadeiro Luís Antônio

Bela Vista 29

rua Dr. Alfredo Ellis

rua Dr. Alfredo Ellis II

rua Alberto de Oliveira

esquina da Ribeirão Preto

Bela Vista

rua Alberto de Oliveira II

VILA MARIANA

rua Bartolomeu Gusmão

36 Antes que acabe

rua Castanheiro

Vila Mariana 37

rua Nakaya

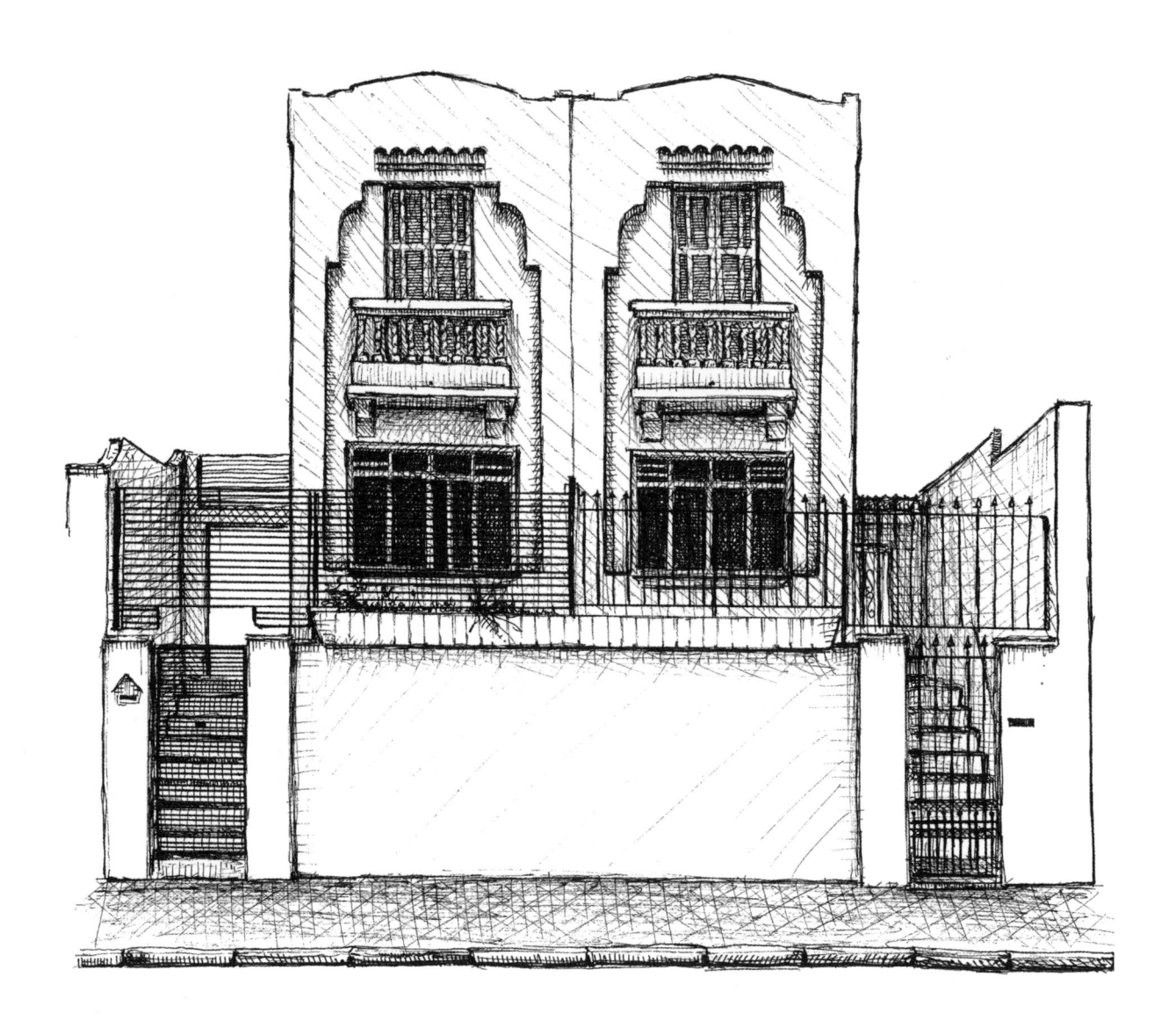

dessemelhanças da Artur Godói

Vila Mariana 39

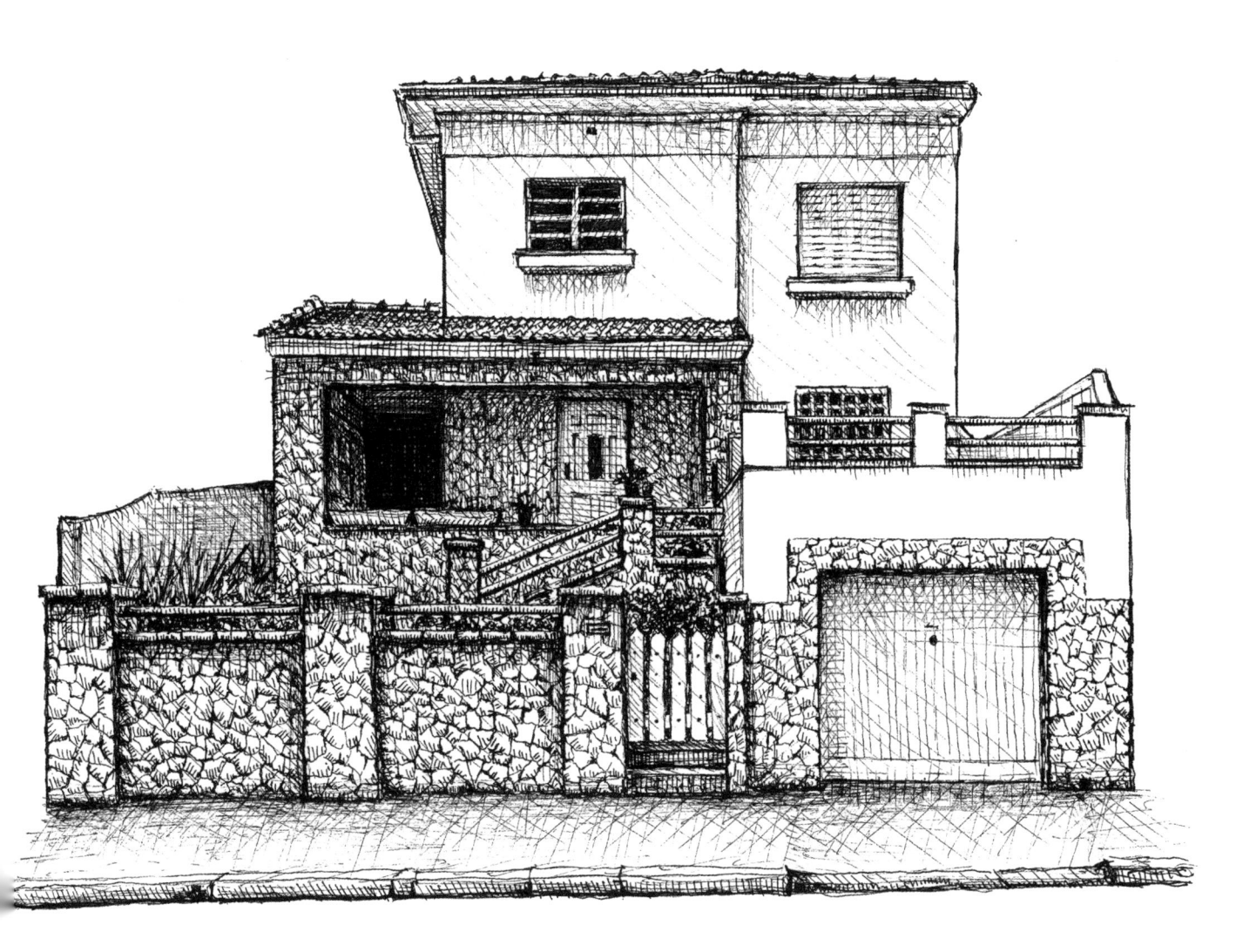

rua Artur Godoi

40 Antes que acabe

dessemelhanças da Bartolomeu de Gusmão

Vila Mariana   41

vila da Morgado de Mateus

- rua Marcos Azevedo
- rua Tucumbira
- rua Ferreira de Araújo
- rua Padre Carvalho
- rua Fernão Dias
- rua Jmita Lucas
- rua Antônio Bicudo
- rua Guaicuí
- rua Amaro Cavalheiro
- rua Pascoal Bianco

rua Cardeal Arcoverde

rua Francisco Leal
rua Fradique Coutinho
rua Mateus Grou
rua Dr. Virgílio
rua Joaquim Antunes
rua Cônego Eugênio Leite
rua João Moura

rua Artur de Azevedo

panorama da
Irmão Lucas

Pinheiros

rua João Moura

dessemelhanças da João Moura

rua João Moura II

rua Arthur de Azevedo II

dessemelhanças da Cardeal Arcoverde II

Pinheiros 51

rua Antônio Bicudo

vila da
Mateus Grou

Pinheiros 53

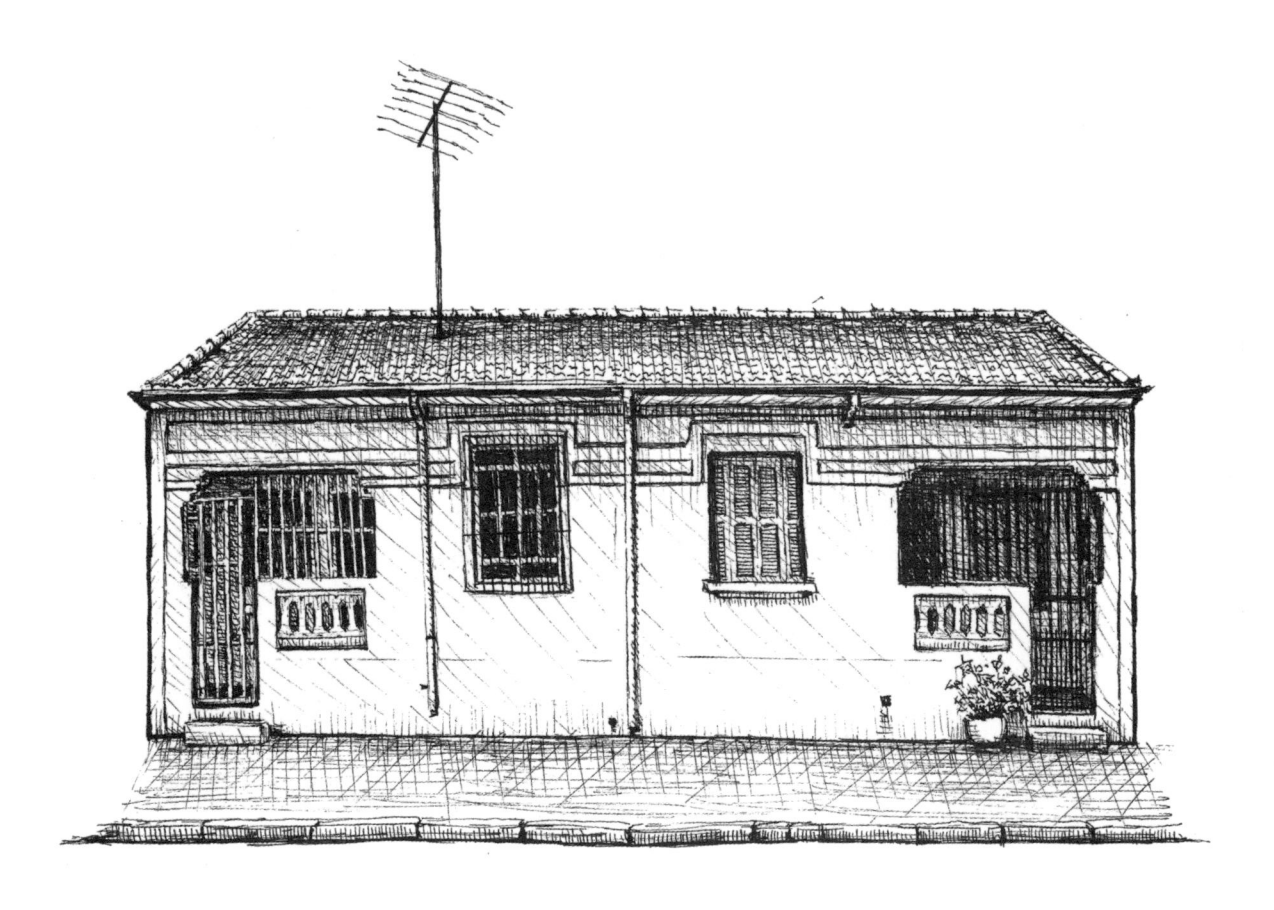

dessemelhanças da Ferreira de Araújo

rua Cônego Eugênio Leite

esquina da Mateus Grou

esquina da Fradique

rua Arthur de Azevedo

dessemelhanças da Cardeal Arcoverde

panorama
da Pascoal Bianco

Pinheiros 61

dessemelhanças da Arthur de Azevedo

vila da Dr. Virgílio

dessemelhanças da Francisco Iasi

esquina da Joaquim Antunes

dessemelhanças da Dr. Virgílio

Pinheiros 67

dessemelhanças da Fernão Dias

panorama da
Tucumbira

Pinheiros 69

dessemelhanças da Padre Carvalho II

Pinheiros 71

dessemelhanças da Padre Carvalho

dessemelhanças da Guaicuí

dessemelhanças da Marcos Azevedo

rua Bianchi Bertoldi

Pinheiros 75

rua Fradique Coutinho

panorama da
Amaro Cavalheiro

Pinheiros

"essa não deu tempo..."

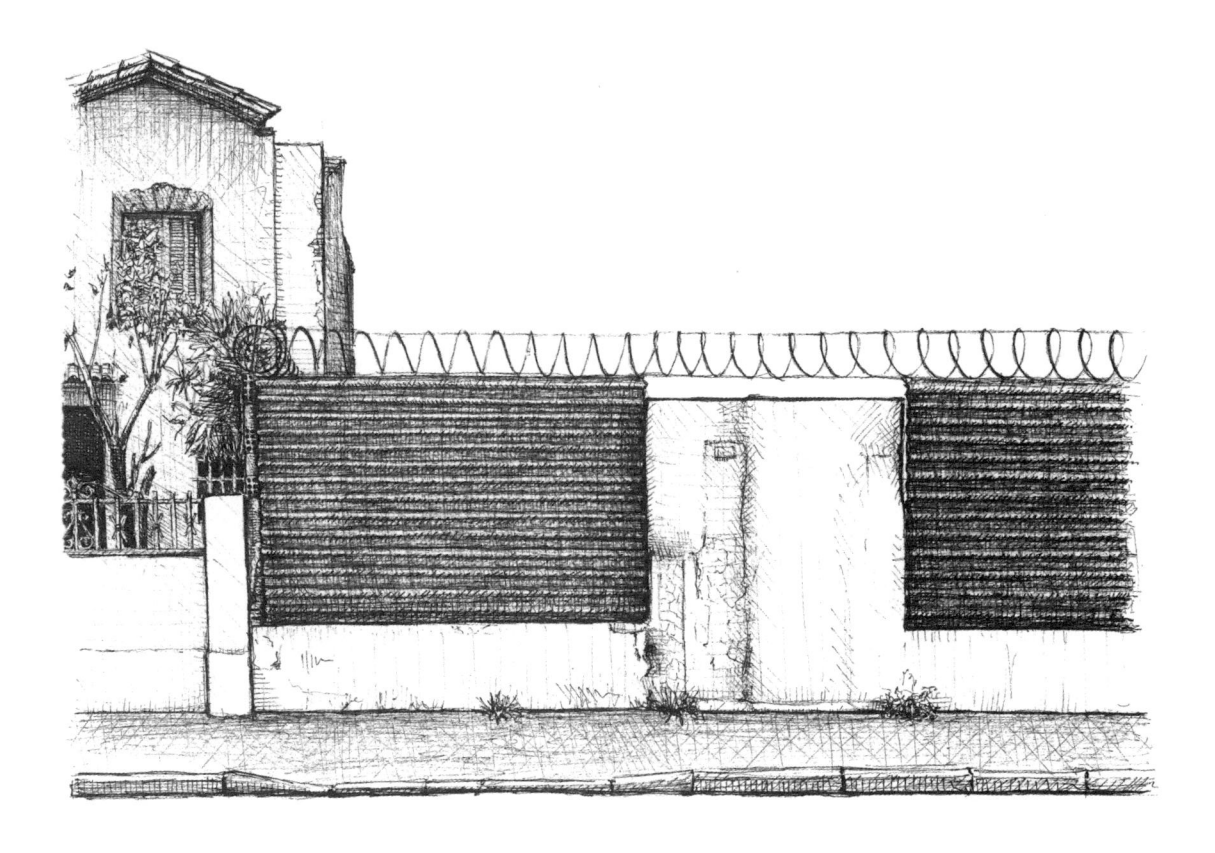

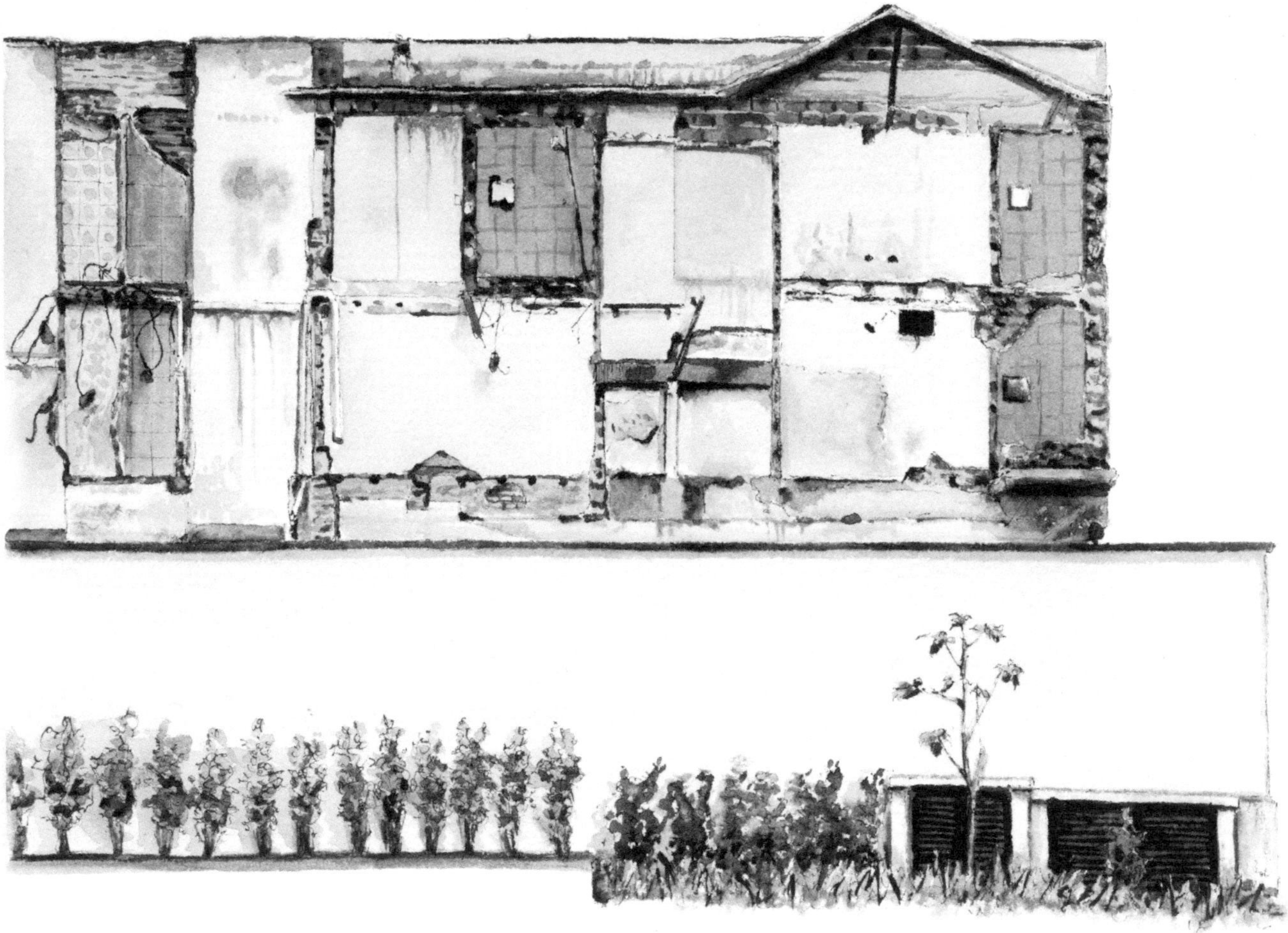

A Pedra e o Vento

Que habitações são essas que estão prestes a desaparecer das ruas de São Paulo? Um desaparecer tão completo que elimina a própria saudade, no susto mudo diante de um terreno subitamente vazio. Que casas, que moradias são essas talhadas para os modos de vida de uma cidade para a qual todas as sacadas se debruçavam confiantes em seu progresso e em seu futuro? Quantos desses sobrados não testemunham uma cidade de distâncias em que os automóveis não eram necessários?

O olhar e a mão desse *flâneur* contemporâneo que é João Galera de alguma maneira nos previnem desse espanto de perceber os últimos vestígios de outras São Paulos se apagarem para sempre de nossas retinas. O ato de desenhar torna-se aqui uma atitude de resistência perante a ação do tempo do progresso que se impõe sobre as formas do habitar. Como contemplar esses desenhos-documentos sem sentir emanarem remotas vozes infantis, gemidos de amor, asperezas entre antigos casais, a luz do sol pelos *vitreaux* nos cafés-da-manhã silenciosos antes do trabalho e da escola, o orvalho gelado no metal das portas-de-enrolar das mercearias – a vida de tantos homens e mulheres, de tantos paulistanos, impregnadas nas paredes e nas fachadas?

E como é bom ver esses sobrados, essas esquinas urbanamente líricas. É como se telhados, janelas, portas, escadas, muros, grades de porões adquirissem um valor afetivo em sua materialidade pura. Isso porque em suas gravuras, João Galera nos revela a tensão dialética entre aquilo que foi feito para durar séculos e a força aniquilante do efêmero – como pedra pulverizada pelo vento. *Antes que acabe* é essa tentativa de perenizar em papel e tinta os habitares paulistanos no redemoinho de um tempo de tamanhas urgências.

Maurício de Arruda Mendonça
Dramaturgo

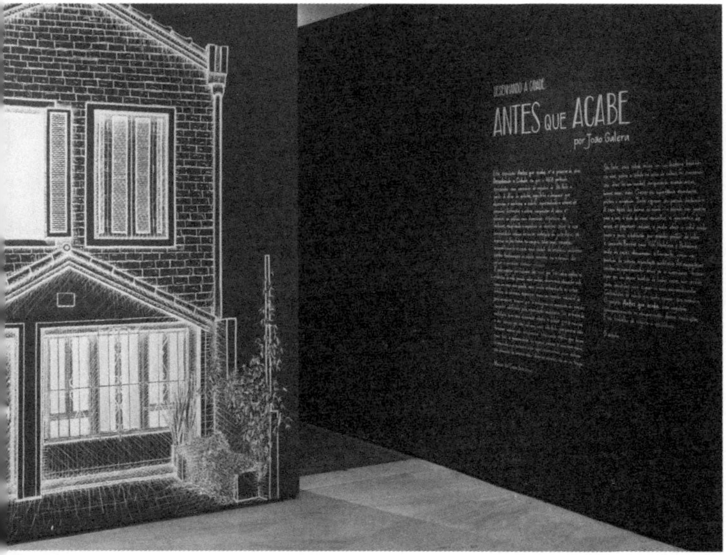
ANTES QUE ACABE
por João Galera

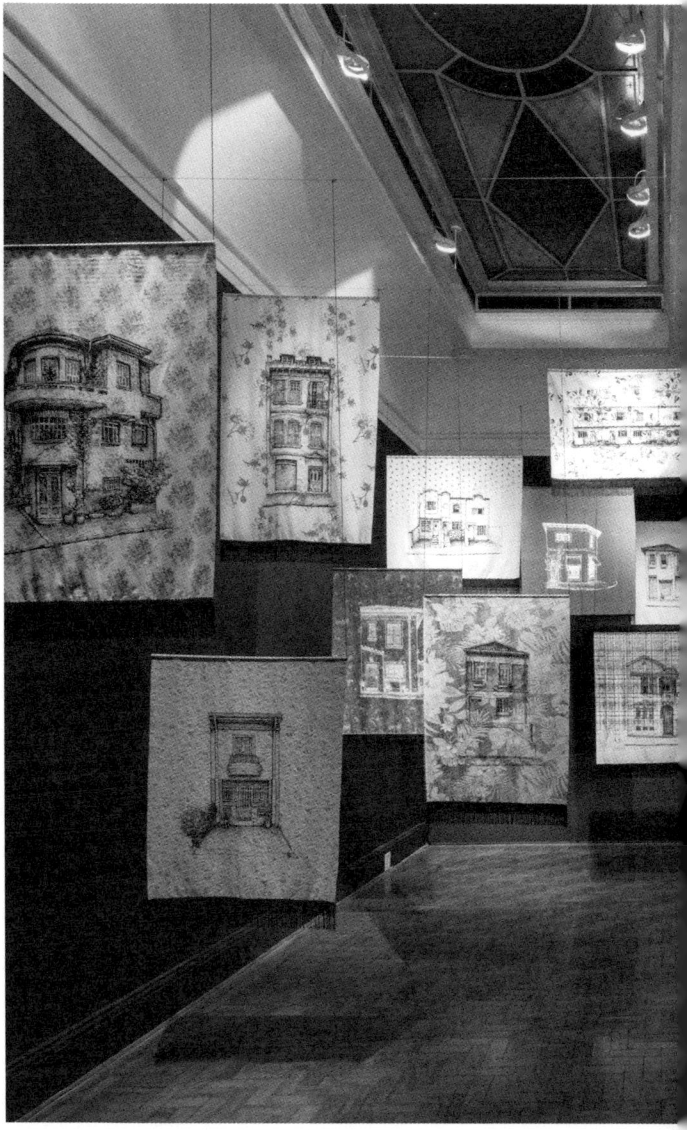

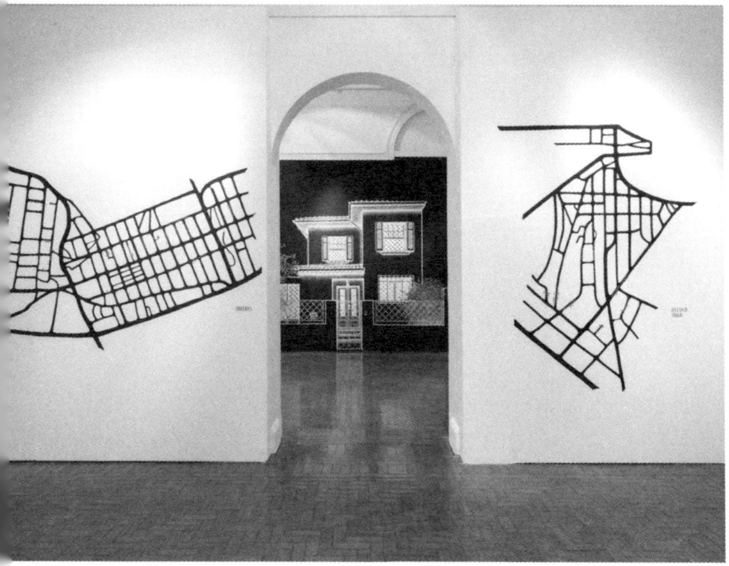

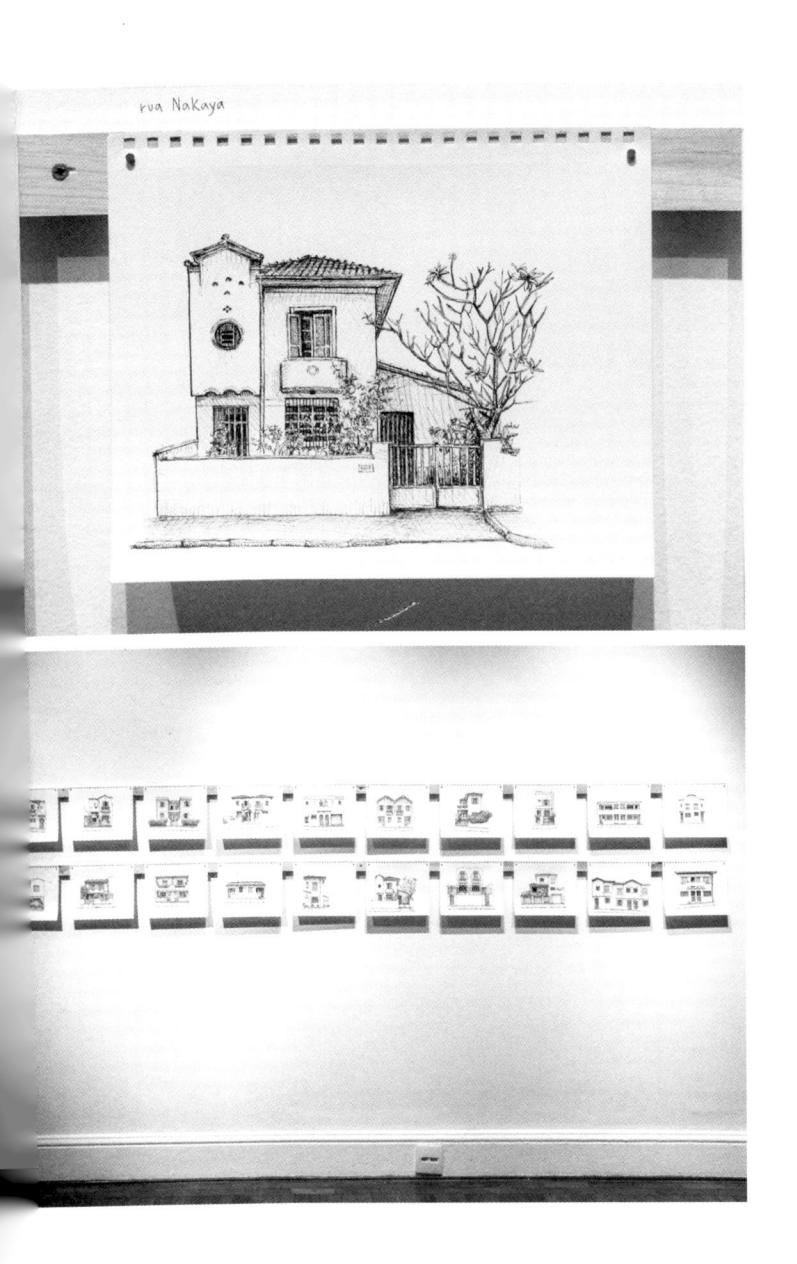

O Projeto

São Paulo, uma cidade antiga com uma história baseada em rios, pobre e isolada no início da colônia, foi crescendo sem dono (ou com muitos), enriquecendo, criando raízes, bairros, casas, vidas. Cresceu em importância econômica, política e arrogância. Tenta esquecer seu passado, destruindo-o. A casa típica dos bairros da cidade – o sobrado com janelas para a rua, o chão de cacos vermelhos, a geometria de arcos, as pequenas colunas, o jardim atrás – está sendo pouco a pouco substituída por grandes prédios de vidro e concreto. Bairros como Vila Madalena e Pinheiros, onde as casas dominavam o horizonte, vivem um período de intensa especulação imobiliária. As empreiteiras vendem os apartamentos como se os moradores fossem viver em um bairro bucólico de lindas casas, mas estas serão demolidas para erguer os novos empreendimentos. Contradições da cidade que tenta apagar sua memória. O projeto *Antes que acabe* visa registrar iconograficamente os remanescentes dessas construções. É um trabalho de resgate e resistência.

A série *Escaras*, na página 80, é a sequência natural do projeto *Antes que acabe*, e traz as cicatrizes urbanas decorrentes da demolição das casas. Esses desenhos representam uma lacuna do tempo, entre o casario que ali existia e os novos edifícios que ainda serão construídos.

A primeira edição deste livro foi publicada por ocasião da exposição *Desenhando a cidade: Antes que acabe*, que esteve em cartaz de 04/06 a 31/07 de 2016 no Museu da Casa Brasileira, instituição da Secretaria da Cultura do Estado de São Paulo. Os desenhos ali apresentados foram feitos pelo artista João Galera entre maio de 2015 e junho de 2016, em caneta nanquim sobre papel. Os murais e os textos caligrafados da exposição foram realizados em caneta Posca diretamente sobre a parede, respectivamente por João Galera e Bebel Abreu. Os estandartes foram impressos pelo artista em serigrafia sobre tecidos variados.

Este livro foi diagramado com a família tipográfica Chronicle para textos e caligrafia de Bebel Abreu para títulos e legendas. Esta segunda edição tem tiragem de 1.000 exemplares. Foi impressa em offset na gráfica Pancrom com papel alta alvura 120g/m² para miolo e capa impressa em policromia sobre papel couchê brilho 150g/m² e guardas em Color Plus 180g/m²

São Paulo, nov/2020.

Edição

MANDACARU

Distribuição

BbB
Bebel Books